R.I.P.

R.I.P.

R.I.P.

R.I.P.

R.I.P.

R.I.P.

R.I.P

R.I.P

R.I.P.

R.I.P.

R.I.P

R.I.P.

R.I.P.

R.I.P.

R.I.P.

R.I.P.

R.I.P.

R.I.P.

R.I.P.

R.I.P.

R.I.P

R.I.P.

R.I.P.

R.I.P.

R.I.P

R.I.P.

R.I.P.

R.I.P.

R.I.P.

R.I.P.

R.I.P.

R.I.P.

R.I.P.

R.I.P.

R.I.P.

R.I.P.

R.I.P.

R.I.P.

R.I.P.

R.I.P.

R.I.P.

R.I.P.

R.I.P.

R.I.P.

R.I.P.

R.I.P.

R.I.P.

R.I.P.

R.I.P.

R.I.P.

R.I.P.

R.I.P.

R.I.P.

R.I.P.

R.I.P.

R.I.P.

R.I.P

R.I.P.

R.I.P.

R.I.P.

R.I.P.

R.I.P.

R.I.P.

R.I.P

R.I.P.

R.I.P.

R.I.P.

R.I.P.

R.I.P.

R.I.P.

R.I.P.

R.I.P.